westermann

W0205480

BAUSTEINE

Trainingsheft Rechtschreibstrategien

Erarbeitet von
Matthias Greven, Olpe
Lisa-Kim Kruse, Wiehl

3

Inhalt

Aufgaben

1 abschreiben, wiedergeben und ausführen

1 anwenden, nachdenken und üben

1 weiterdenken, forschen und begründen

Wörter sprechen und in Silben gliedern

1 Zeichne Silbenbögen ein. Markiere in jeder Silbe den Selbstlaut.

zelten	Vogel	Kiste	Käse	bleiben	binden	Hunde	Wolke
Straße	Junge	Pflanze	tragen	lustig	Note	Pflaster	Pause

2 Schreibe die Wörter von Aufgabe 1 geordnet auf.

offene Silbe	geschlossene Silbe
	zelten,

3 Schreibe die Wörter mit Silbenbögen geordnet auf.

blasen Stunde Rinde klingen wenig Grüße Dose Schränke

offene Silbe: blasen,

geschlossene Silbe:

Ich kann Selbstlaute in Silben erkennen und offene und geschlossene Silben unterscheiden.

Wörter mit h an der Silbengrenze

1 Trage die Silbenbögen ein.

gehen	Ziehung	Nähe	Ruhe	stehen
ziehen	Schuhe	drehen	geschehen	fliehen
nähen	glühen	Mühe	Krähe	leihen
Truhe	flehen	rohe	blühen	Zehen

2 Markiere in Aufgabe 1 das **h**, das die zwei Selbstlaute zwischen den Silben trennt.

3 Finde Verlängerungen zu den Wörtern und schreibe sie auf.

nah Nähe ____ Floh ____

Reh ____ Kuh ____

früh ____ froh ____

Zeh ____ Schuh ____

4 Suche zu jedem Wortstamm Wörter aus der Wortfamilie.

DREH ____

SEH ____

Ich kann Wörter mit silbentrennendem h schreiben.

· Rechtschreibstrategien anwenden: Silben
· schwingen und verlängern bei Wörtern mit silbeninitialem h

SB: Seite 114
ÜH: Seite 81

Verschiedene und doppelte Mitlaute

1 Zeichne Silbenbögen ein. Markiere die Mitlaute an der Silbengrenze.

singen wollen bitten Tante Tanne Himmel Felsen winken

2 Schreibe die Wörter von Aufgabe 1 geordnet auf.

verschiedene Mitlaute	gleiche Mitlaute
singen,	

3 Wo hörst du an der Silbengrenze verschiedene Mitlaute? Kreise die Bilder rot ein.

4 Wo hörst du an der Silbengrenze nur einen Mitlaut? Kreise die Bilder grün ein.

5 Schreibe die Wörter von Aufgabe 3 auf.

Palme

Ich kann Wörter mit verschiedenen und doppelten Mitlauten unterscheiden.

Wörter mit doppeltem Mitlaut richtig schreiben

Bei einigen Wörtern mit geschlossener Silbe hört man nur einen Mitlaut an der Silbengrenze.

Dann musst du den Mitlaut verdoppeln: einen Mitlaut hören zwei Mitlaute schreiben.

1 Bei welchen Wörtern ist die erste Silbe offen? Kreise die Bilder blau ein.

2 Wo hörst du bei geschlossener Silbe verschiedene Mitlaute an der Silbengrenze? Kreise die Bilder grün ein.

3 Verdopple bei den restlichen Wörtern den Mitlaut an der Silbengrenze. Schreibe die Wörter auf.

Affe,

4 Schreibe die Wörter richtig auf.

$\text{Ki}^{s}_{ss}\text{te}$	$\text{He}^{m}_{mm}\text{den}$	$\text{brü}^{l}_{ll}\text{en}$	$\text{se}^{n}_{nn}\text{den}$	$\text{Gri}^{p}_{pp}\text{e}$	$\text{la}^{s}_{ss}\text{en}$	$\text{ko}^{m}_{mm}\text{en}$
$\text{kle}^{t}_{tt}\text{ern}$	$\text{i}^{n}_{nn}\text{en}$	$\text{we}^{t}_{tt}\text{en}$	$\text{he}^{l}_{ll}\text{fen}$	$\text{Pu}^{p}_{pp}\text{e}$	$\text{Mu}^{t}_{tt}\text{er}$	$\text{Pa}^{p}_{pp}\text{e}$

Kiste,

Ich kann Wörter mit doppeltem Mitlaut richtig schreiben.

· Rechtschreibstrategien anwenden: Silben schwingen und Selbstlautlänge prüfen (Konsonantenfolge, Doppelkonsonant)

SB: Seite 30
ÜH: Seite 20

Wörter mit tz richtig schreiben

1 Bei welchen Wörtern hörst du nach kurzem Selbstlaut und geschlossener Silbe nur **z** an der Silbengrenze? Trage **tz** ein.

Gla_tz_e

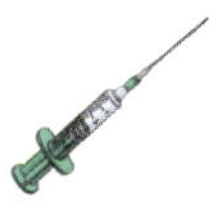
Spri___e

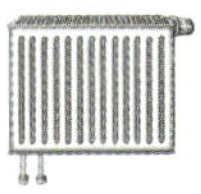
Hei___ung

Anspi___er

Bli___e

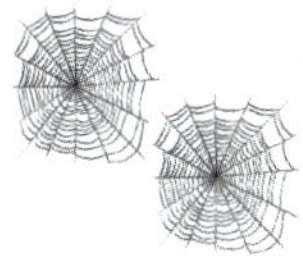
Ne___e

Spa___en

Bre___el

Wei___en

Mü___e

Ka___e

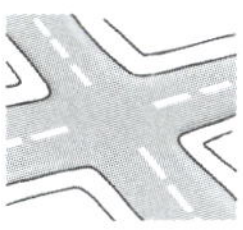
Kreu___ung

2 Trage bei den Wörtern mit offener Silbe aus Aufgabe 1 **z** ein.

3 Welche Wörter werden mit **tz** geschrieben? Schreibe auf.

se[z/tz]en	Hei[z/tz]ung	pu[z/tz]en	rei[z/tz]en	Spi[z/tz]e	tro[z/tz]dem
Me[z/tz]ger	le[z/tz]ter	schmu[z/tz]ig	schä[z/tz]en	Kreu[z/tz]e	fli[z/tz]en

setzen,

Ich kann Wörter mit **tz** richtig schreiben. ☺ 😐

· Rechtschreibstrategien anwenden: Silben schwingen und Selbstlautlänge prüfen (Konsonantenfolge, Doppelkonsonant, tz)

SB: Seite 30
ÜH: Seite 20

Wörter mit ck richtig schreiben

1 Bei welchen Wörtern hörst du nach kurzem Selbstlaut und geschlossener Silbe nur **k** an der Silbengrenze? Trage **ck** ein.

						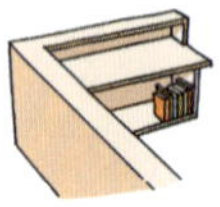
De_ck_el	E__e	Ha__en	So__en	Kü__en	ba__en	The__e
		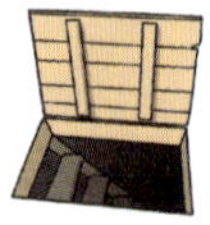				
Kro__odil	Rü__en	Lu__e	Lo__en	Ja__e	We__er	Brü__e

2 Trage bei den Wörtern mit offener Silbe in Aufgabe **1** **k** ein.

3 Welche Wörter werden mit **ck** geschrieben? Schreibe auf.

stri k/ck en   ho k/ck en   dru k/ck en   bli k/ck en   Fa k/ck el   E k/ck el

erschre k/ck en   De k/ck e   Ke k/ck s   we k/ck en   tro k/ck nen   Scho k/ck lade

stricken, ____________________

____

Ich kann Wörter mit **ck** richtig schreiben. ☺ 😐

· Rechtschreibstrategien anwenden: Silben schwingen
· Vokallänge prüfen bei Wörtern mit ck

SB: Seite 73
ÜH: Seite 51

Wörter mit ie schreiben

1 Bei welchen Wörtern hörst du ein langes **i**? Trage **ie** ein.

L_ie_be	z___len	T___re	K___ste	n___sen	w___der	d___se	Kn___

Sch___ffe	St___fte	W___se	Fl___ge	Fr___den	spr___ngen
R___se	Z___ge	m___ten	v___le	p___pen	m___schen

2 Trage bei den Wörtern mit geschlossener Silbe und kurzem **i** in Aufgabe 1 **i** ein.

3 Schreibe Verlängerungen der Wörter auf. Markiere **ie**.

tief	tiefer	schieß	___
fies	___	Sieb	___
Lied	___	Spiel	___
schmier	___	flieg	___

4 Welche Sachen muss Quiesel in die **ie**-Kiste legen? Schreibe auf.

Ich kann Wörter mit **ie** richtig schreiben.

Wörter mit b, d, g verlängern

1 Verlängere die Adjektive. Markiere den richtigen Buchstaben.

run$^{d}_{t}$ runde

gel$^{b}_{p}$ ________

wil$^{d}_{t}$ ________

schrä$^{g}_{k}$ ________

2 Verlängere die Verben mit Hilfe der wir-Form. Markiere den richtigen Buchstaben.

es flie$^{g}_{k}$t wir fliegen

sie blei$^{b}_{p}$t ________

sie sä$^{g}_{k}$t ________

er rä$^{d}_{t}$ ________

3 Verlängere das erste Wort. Markiere den richtigen Buchstaben.

Wel$^{d}_{t}$reise Welten

Ber$^{g}_{k}$gipfel ________

Nor$^{d}_{t}$pol ________

Hu$^{b}_{p}$konzert ________

4 Verlängere die Wörter. Markiere den richtigen Buchstaben.

Die Wal$^{d}_{t}$hütte ist verschlossen. Wälder

Das Auto ist sehr al$^{d}_{t}$. ________

Herr Kunz schie$^{b}_{p}$t den Wagen. ________

Das Küken pie$^{b}_{p}$t leise. ________

Ich kann Wörter mit **b**, **d**, **g** verlängern. ☺ 😐

· Rechtschreibstrategie anwenden: Nomen, Verben und Adjektive verlängern

SB: Seite 44–45
ÜH: Seite 30–31

Wörter mit s und ß richtig schreiben

1 Sprich deutlich. Trage **s** oder **ß** ein.

Mei_s_e	schie__en	Gefä__e	gie__en	Va__e	au__en
hei__en	Ha__e	grü__en	drau__en	Stra__e	Wie__e
Rie__e	au__erdem	drei__ig	le__en	Ho__en	Fu__ball

2 Verlängere die Wörter. Schreibe die Wörter richtig auf.

wei__	Mau__	Flo__	mie__	Spa__	Gla__
barfu__	Strau__	Krei__	Lau__	gro__	Ei__

weiß,

3 Bilde die Grundform. Setze **s** oder **ß** ein.

niesen	er nie_s_t		sie gie__t
	sie spei__t		er ra__t
	er hei__t		sie grü__t

Ich kann Wörter mit **s** und **ß** richtig schreiben.

Wörter mit ä und äu ableiten

Es gibt ein **verwandtes** Wort mit **au** oder **a**:
der Raub/rauben – Räuber
der Glanz – glänzen

Das nennt man Ableiten.

1 Welche Wörter sind verwandt? Male sie mit der gleichen Farbe an.

die Maus	blau	waschen	laufen	die Wäsche
bläulich	die Mäuse	der Läufer	die Kälte	kalt

2 Schreibe zu jedem Wort mit **ä** oder **äu** ein verwandtes Wort mit **a** oder **au**.

ä	a	äu	au
die Gräser	das Gras	die Häuser	
die Wände		läuft	
ängstlich		träumen	

3 Ordne die Wörter richtig zu.

die K_e_rze	die Kr___fte	die H___ser	t___er
h___ll	st___rken	die Sch___ne	s___bern

ä	e	äu	eu
	die Kerze		

Ich kann Wörter mit **ä** und **äu** ableiten.

· Rechtschreibstrategien anwenden: ableiten

SB: Seite 59
ÜH: Seite 41

Wortstämme für die Rechtschreibung nutzen

1 Kreise alle Wörter ein, die zur Wortfamilie **sehen** gehören.

vorhersehbar	sehenswert	wegsehen	Sehtest
gutaussehend	ansehen	Sessel	seht
Versehen	Fernseher	übersehen	einsehen
Mäuseherz	Wiedersehen	Sehhilfe	gesehen

2 Unterstreiche die Wörter mit gleichem Wortstamm mit der gleichen Farbe.

fahren	einfühlsam	Einfall	Gefühle	umfallen
heller	Vorspiel	Helligkeit	Unfall	abspielen
fühlen	Ausfahrt	Spielerin	Fahrerin	hell

3 Markiere den Wortstamm bei den Wörtern aus Aufgabe 2.

4 Schreibe die Wörter aus Aufgabe 2 nach Wortstämmen geordnet auf.

Wortstamm	
FAHR	fahren,

Ich kann Wortstämme für die Rechtschreibung nutzen. ☺ 😐

Aus Nomen Adjektive bilden

1 Markiere die Wortbausteine **-lich**, **-los**, **-bar**, **-haft** und **-voll**.

heldenhaft glücklich dankbar lautlos liebevoll

2 Welche Nomen findest du in den Adjektiven?

heldenhaft = die Helden + haft,

3 Bilde mit den Wortbausteinen **-lich**, **-los**, **-bar**, **-haft** und **-voll** passende Adjektive.

Atem — Björn rennt drei Runden um den Sportplatz. Nun ist er ______________.

Ekel — „Das ist ja ______________!“, ruft Birte als sie in einen Hundehaufen tritt.

Sport — Lisa treibt viel Sport. Sie ist sehr ______________.

Wandel — Als Schauspielerin ist Carina sehr ______________.

Wert — Mats trägt eine goldene Uhr. Sie ist äußerst ______________.

Ich kann aus Nomen Adjektive bilden.

· Möglichkeiten der Wortbildung kennen
· Wortbausteine für Adjektive gezielt nutzen

SB: Seite 83

Merkwörter mit chs kennen

1 Finde die 5 Wörter mit **chs**. Schreibe sie auf und markiere **chs**.

D	A	C	H	S	R	Q	M
T	N	I	P	L	B	I	F
B	P	L	A	C	H	S	R
F	A	Y	O	C	H	S	E
E	C	H	S	E	V	A	S
N	O	W	A	C	H	S	H

Wachs ______

______

______

______

______

2 Schreibe die Wörter richtig auf. Markiere **chs**.

 Eidechse ______

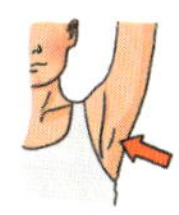 ______

 ______

 ______

3 Setze die Verben richtig ein.

auswechseln ✓ verwechseln wachsen wechseln wächst

Beim Sport darf man Spieler auswechseln.

Die Blumen ______ im Garten.

Ida muss die Patrone im Füller ______.

Salz und Zucker sollte man nicht ______.

Im Beet ______ das Unkraut.

Ich kenne Merkwörter mit **chs**. ☺ 😐

Merkwörter mit h

In manchen Wörtern kann man das **h** nicht hören. Es kann vor **l**, **m**, **n**, **r** stehen:
die Zahl, nehmen, ohne, die Uhr.

Diese Wörter musst du dir merken.

1 Markiere das **h** und den Buchstaben danach.

Mehl	wohnen	fahren	Rahmen	Huhn	hohl	ähnlich
sehr	fühlen	Ruhm	Lehrer	Bühne	Sahne	während
fehlen	nehmen	mehr	ihm	erzählen	mitnehmen	

2 Trage die Wörter aus Aufgabe 1 in die Tabelle ein.

hl	hm	hn	hr
Mehl			

3 Schreibe die Wörter richtig auf.

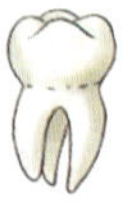

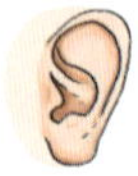

Ich kenne Merkwörter mit **h**. ☺ 😐

Merkwörter mit Y / y

1 Finde die 6 Wörter mit **y** am Ende. Schreibe sie auf und markiere das **y** gelb.

H	N	H	O	B	B	Y	B	P
A	U	T	P	L	A	G	U	A
N	P	E	A	P	O	N	Y	R
D	C	D	S	A	I	K	R	T
Y	U	D	M	R	B	A	B	Y
E	O	Y	A	T	E	O	V	F

Teddy, ______________________

____

____

____

____

____

2 Welche Wörter sind gemeint? Ordne zu.

Bauwerk:  ______________________

sportliches Ereignis:  ______________________

Rinderart:  ______________________

Irrgarten:  ______________________

Labyrinth
Olympia
Pyramide
Yak

3 Merke dir das Wort und schreibe es auswendig auf.

Bayern ______________________ Hygiene ______________________

Zylinder ______________________ Ägypten ______________________

Ich kenne Merkwörter mit **Y / y**. ☺ 😐

Merkwörter mit i richtig schreiben

1 Merke dir das Wort und schreibe es auswendig auf. Markiere das **i**.

Kino	Kino	Virus	
Musik		dir	
wir		Kilo	
Vitamine		Idee	

2 Schreibe die Wörter richtig auf.

 Maschine

3 Kontrolliere die Wörter mit einem Wörterbuch.

4 Schreibe die Wörter geordnet auf.

Medizin ✓ Pinguin Lawine Rosine Termin Apfelsine Benzin Gardine

-in: Medizin,

-ine:

Ich kenne Merkwörter mit i. ☺ 😐

· Rechtschreibstrategien anwenden: Merkwörter mit i

SB: Seite 128
ÜH: Seite 90

Nomen erkennen und großschreiben 1

1 Markiere alle Nomen.

topf blume sofa gleich ärztin lisa affe hose
taucht hund gras lampe nicht maus

2 Schreibe die Nomen richtig auf.

Topf,

3 Markiere alle Nomen und fülle die Tabelle aus.

schwer raum busch kind redet leise
uhr vogel lesen schön fisch lieb

Nomen	Name für	Einzahl – Mehrzahl	bestimmter Artikel
Raum	Ding	ein Raum – viele Räume	der Raum

Ich kann Nomen erkennen und großschreiben.

Nomen erkennen und großschreiben 2

Wörter für Menschen, Tiere, Pflanzen und Dinge heißen Nomen.

Es gibt auch Nomen, die keine Menschen, Tiere, Pflanzen und Dinge sind.

1 Markiere alle Nomen, die **keine** Menschen, Pflanzen, Tiere oder Dinge sind.

Spaß	Baum	Glück	Kraft	Hecke	Liebe	Schreck
Not	Einfall	Blume	Nähe	Polizistin	Angst	Unsinn
Käfer	Kälte	Lob	Vogel	Verkäufer	Freundschaft	

2 Markiere die 10 Nomen.

frieden	höhe	früh	stolz	schmerz	weint
hitze	alter	ärger	jetzt	lustig	vor
tipp	liest	schwer	lacht	wunsch	unterschied

3 Schreibe die Nomen aus Aufgabe 2 mit Artikel richtig auf.

der Frieden, ____________________

____

____

4 Trage die Nomen richtig ein.

 Glück  Angst  Wut  Freude

Quiesel kocht vor ________________. Quiesel strahlt vor ________________.

Quiesel zittert vor ________________. Quiesel weint vor ________________.

Ich kann Nomen erkennen und großschreiben. ☺ 😐

· grundlegende Begriffe kennen: Nomen
· Nomen großschreiben

SB: Seite 12
ÜH: Seite 7

Nomen mit -ung, -heit, -keit kennen

1 Markiere die Nomen mit **-ung**, **-heit**, **-keit** in verschiedenen Farben.

Erklärung | Wahrheit | Müdigkeit | Bewegung | Lösung
Ähnlichkeit | Menschheit | Schwierigkeit | Freiheit

2 Schreibe die Nomen aus Aufgabe 1 geordnet auf.

-ung	-heit	-keit

3 Bilde Nomen mit **-ung**, **-heit**, **-keit**.

dankbar — D A N K B A R K E I T
begeistern
erholen
unsicher
dumm
ehrlich
entschuldigen

Lösungswort: N ______________

Ich kann Nomen mit **-ung**, **-heit**, **-keit** erkennen und großschreiben.

grammatisches Wissen für Großschreibung nutzen:
Nomen mit Wortbausteinen -ung, -heit, -keit

SB: Seite 16
ÜH: Seite 10

Nomenprobe mit Adjektiven

freund oder Freund?

Kannst du ein Adjektiv vor das Wort schieben, wird es großgeschrieben. Versuche es mit dem Adjektiv **nett**: der nette Freund – der Freund.

Die Endung des Adjektivs verändert sich.

1 Setze die Adjektive ein. Markiere den Anfangsbuchstaben der Nomen.

spannend | frisch ✓ | schön | lustig

der frische Wind   der ______ Witz

der ______ Film   das ______ Wetter

2 Setze passende Adjektive ein.

die wichtige Taste   das ______ Spiel

der ______ Bericht   die ______ Übung

das ______ Seil   der ______ Winter

3 Vor welche Wörter passt ein Adjektiv? Markiere.

Das ___ mädchen ___ bekommt ___ ein ___ spiel.

Das ___ spiel ___ macht ___ ihr ___ spaß.

4 Schreibe die Sätze aus Aufgabe 3 mit passenden Adjektiven verbessert auf.

______

______

______

Ich kann die Nomenprobe mit Adjektiven anwenden. ☺ 😐

· Rechtschreibstrategie anwenden: Nomenprobe

SB: Seite 72
ÜH: Seite 49–50

Satzanfänge großschreiben

1 Unterstreiche die Sätze mit verschiedenen Farben.

Ben und Luke gehen zum Fußball. Die Zuschauer jubeln. Die rote Mannschaft gewinnt das Spiel. Nach dem Abpfiff isst Ben eine Wurst. Luke macht ein Foto. Beide sind glücklich.

2 Markiere in Aufgabe 1 die Satzanfänge und die Punkte an den Satzenden.

3 Unterstreiche die Sätze mit verschiedenen Farben.

heute übernachtet Hannah bei Marlen gemeinsam zelten sie im Garten zuerst bauen sie das Zelt auf dann grillen sie und trinken Saft nachts beobachten sie die Sterne

4 Setze in Aufgabe 3 die Punkte am Satzende. Markiere die Satzanfänge.

5 Schreibe den Text aus Aufgabe 3 verbessert auf.

Ich kann Satzanfänge erkennen und großschreiben.

· Großschreibung am Satzanfang beachten
· Zeichensetzung am Satzende beachten

SB: Seite 17

Wörtliche Rede und Redebegleitsatz kennen

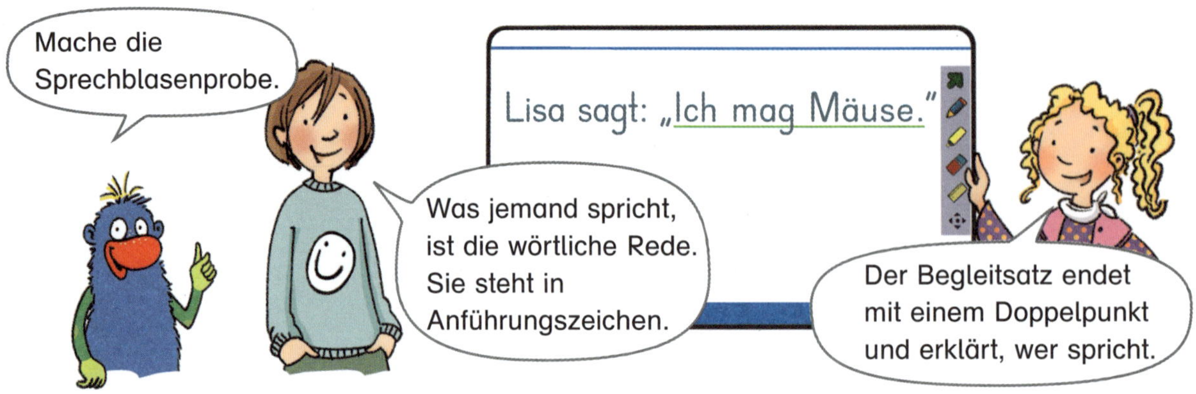

1 Mache die Sprechblasenprobe. Unterstreiche die wörtliche Rede in grün und die Begleitsätze in blau.

Ali fragt Sollen wir Eis essen gehen? Ella antwortet Das ist eine gute Idee. Lea sagt Ich lade euch ein. Ole ruft Auf geht's!

2 Setze in Aufgabe 1 den Doppelpunkt und die Anführungszeichen.

3 Schreibe den Text verbessert auf. Denke an den Doppelpunkt und die Anführungszeichen.

Jonah fragt Spielen wir heute Fußball? Ben und Nico rufen Wir sind dabei! Sophie erklärt Ich bringe einen Ball mit Jonah sagt Super, wir treffen uns um 15 Uhr.

Ich kann Zeichensetzung bei wörtlicher Rede anwenden.

- sprachliche Begriffe kennen und verwenden: Redebegleitsatz und wörtliche Rede
- Zeichensetzung beachten

SB: Seite 57–58
ÜH: Seite 40